맨처음 식물공부

안도현

초등학교 다닐 때 여름방학 숙제로 식물채집을 했던 기억이 있어요. 어른이 되고 바빠지면서 식물을 까맣게 잊어버렸다가 어른을 위한 동화 《연어》를 쓸 무렵부터 식물이 눈에 확 들어왔어요. 작고 연약한 것들이 정말 소중하다는 걸 느낄 때였죠. 그동안 식물을 소재로 한 시, 산문, 동시, 동화를 아마 몇백 편 발표했을 거예요. 귀여운 외손녀 슬라와 또래 친구들에게 나무와 꽃 이름을 하나씩 알려 주고 싶어 이 책을 쓰게 되었어요. 식물 가까이 다가가 식물을 더 알게 되면 꽃과 잎사귀와 열매가 친구처럼 여겨질지도 몰라요. 식물 친구가 많은 아이는 더 행복한 사람으로 자랄 수 있지 않을까요? 엄마, 아빠, 아이가 다 함께 식물을 알아가는 재미를 느껴 봐도 좋을 것 같아요. 저는 1961년 경북 예천에서 태어났고, 현재 단국대학교 문예창작과에서 학생들에게 시를 가르치고 있어요.

정창윤

어릴 때 살던 아파트 단지 놀이터에는 넓은 풀밭이 있었어요. 그곳에서 숨바꼭질이나 술래잡기하면서 놀았죠. 민들레와 강아지풀이 아주 많았고, 이름을 잘 모르는 나무 가시에 찔려서 상처도 자주 났지만, 매일 잔디 위에서 뒹굴던 시간이 좋았어요. 몇 해 전 우연히 제인 구달 박사님이 만든 '뿌리와 새싹'이라는 모임에 들어가게 되면서 사라져 가는 생명들이 아주 많다는 것을 알게 되었어요. 이들을 위해서 내가 할 수 있는 일이 뭐가 있을까 생각하다가 멸종 위기의 동식물들을 그림으로 남기는 작업을 하고 있어요. 아는 만큼 사랑하게 된다고 하죠? 이 책에서 안도현 선생님께서 소개하는 식물들을 어린이들이 알게 되고, 그만큼 주위의 풀과 나무들을 더 사랑하기를 바라면서 그림을 그렸답니다.

식물과 함께 행복해지는

맨처음 식물공부

글 안도현 그림 정창윤

다산
어린이

차례

시작하며 · 8

1장 안녕, 식물!

식물이란? · 12

식물의 코 · 16

식물의 얼굴 · 18

식물의 아기 · 20

식물의 여행 · 22

식물의 발 · 24

식물의 몸통 · 26

식물과 우리 · 28

2장 동네에서 만나는 식물

느티나무   마음씨 좋은 할머니 같은 나무 · 34

라일락   달콤 쏠쏠 라일락 · 36

메타세쿼이아   군인 아저씨처럼 줄을 잘 맞추는 나무 · 38

배롱나무   멀리서도 잘 보이는 붉은 여름 꽃 · 40

백목련   흰 머그컵처럼 큰 꽃 · 42

벚나무   4월은 벚나무가 결혼하는 달 · 44

산수유   겨울 새가 좋아하는 빨간 열매 · 46

소나무   소나무의 손가락은 두 개 · 48

양버즘나무   방울방울이 조랑조랑 달리는 나무 · 50

은행나무   지구에서 제일 끈질긴 나무 · 52

이팝나무   하얀 쌀밥이 다닥다닥 붙어 있는 나무 · 54

주목   잎은 푸르고, 열매는 빨갛고 · 56

회양목   재잘재잘, 쫑알쫑알 떠들어도 좋아 · 58

3장 산과 들에서 만나는 식물

강아지풀 강아지 꼬리처럼 흔들리는 씨앗들 · 62
고사리 물기 많은 곳이 좋아 · 64
꽃다지 이름처럼 작고 예쁘다지 · 66
냉이 3월에는 냉이를 캐러 가자 · 68
띠 할아버지 어릴 때 먹던 '삘기' · 70
민들레 둥둥 날아가는 민들레의 꿈 · 72
씀바귀 맛이 써서 씀바귀 · 74
아까시나무 조랑조랑 하얀 드레스 같은 꽃 · 76
양지꽃 양지에 모여 피는 꽃 · 78
엉겅퀴 꽃을 만질 때는 조심해 · 80
진달래 꽃잎을 따 먹어 봐도 좋아 · 82
찔레 얘들아, 가시 조심해 · 84
참나무 다람쥐가 제일 좋아하는 나무 · 86
칡 무엇이든 칭칭 감는 나무 · 90
팽나무 마을 입구에 서 있는 할아버지 같은 나무 · 92

4장 강과 바다에서 만나는 식물

갈대 강변에 모여 손 흔드는 식물 · 96

갯메꽃 모래 위를 오종종 기어가는 꽃 · 98

물봉선 여름 계곡에서 찾아봐야 할 꽃 · 100

버드나무 긴 머리칼 휘날리는 나무 · 102

순비기나무 해변의 수호자 · 104

연꽃 불교에서 아주 귀하게 여기는 꽃 · 106

해국 바닷가에 사는 국화 · 108

해당화 바닷가의 향기로운 보석 · 110

마치며 · 112

부록 | 놀까, 식물이랑 · 114

시작하며

동물을 좋아하다가
식물에 막 관심을 가지기 시작한 너에게,

누군가의 도움으로
처음 식물 이름 하나를 알게 된 너에게,

아주 가까운 곳에서 식물이
함께 살고 있다는 것을 눈치챈 너에게,

식물에게 말을 걸고 대화하면서
다정한 친구를 늘리고 싶은 너에게,

이 책을 줄게.
천천히 한 페이지씩 읽어 보렴.

1장 안녕, 식물!

엄마가 꽃병에 꽂아 놓은 장미도 식물,
아침에 먹은 감자볶음의 감자도 식물,
배추김치도 깍두기도 식물로 만들었어.

밥그릇에 담긴 쌀밥은 벼라는 식물에서,
빵은 밀이라는 식물에서,
두부는 콩이라는 식물에서 왔지.

사람은 식물을 먹고 살아.

새는 풀 잎사귀를 물어 와 집을 짓고
배가 고프면 식물의 씨앗을 먹어.

토끼는 풀밭에서 마구 뛰어다니다가
좋아하는 토끼풀을 뜯어 먹어.

멧돼지는 우거진 풀숲에 몸을 숨기고 있다가
풀뿌리와 나무뿌리를 캐 먹어.

무당벌레는 풀뿌리나 나뭇잎 뒷면에서
진딧물을 잡아먹거나 낮잠을 자.

**식물은 밥이고, 집이고, 놀이터이고,
숨기 좋은 곳이야.**

잎은 식물의 코야.

사람이 코로 공기를 빨아들이는 것처럼
식물은 잎으로 햇빛을 빨아들이지.

이걸 '광합성 작용'이라고 해.
식물이 햇빛을 받으면 잎은 초록색이 돼.

식물은 공기 속의 이산화탄소를 빨아들이지.
그리고 사람에게 필요한 산소를 내뿜어.
식물이 없으면 우리는 숨을 쉴 수가 없어.

코가 둥근 사람도 있고,
길쭉한 사람도 있고, 뾰족한 사람도 있는 것처럼
식물의 잎도 동그랗기도 하고,
길쭉하기도 하고, 뾰족하기도 해.

꽃은 식물의 얼굴이야.

예쁜 꽃 속에는 암술과 수술이 있어.
여러 개의 수술이 꽃가루를 만들지.

암술과 수술은 서로 좋아해서 결혼하고 싶어 한단다.
그런데 벌, 나비, 새가 도와줘야 결혼할 수 있어.
그래서 벌, 나비, 새에게 잘 보이기 위해 화려하게 꾸미지.
그게 꽃이란다.

벌이나 나비가 날아와 꽃가루를 몸에 묻혀
다른 꽃 암술로 옮긴단다.
이걸 '꽃가루받이'라고 해.
꽃가루는 암술 아래쪽에 있는 씨방으로 가서
'밑씨'와 만나는데 이걸 '수정' 또는 '수분'이라고 해.
암술과 수술이 결혼하는 거지.

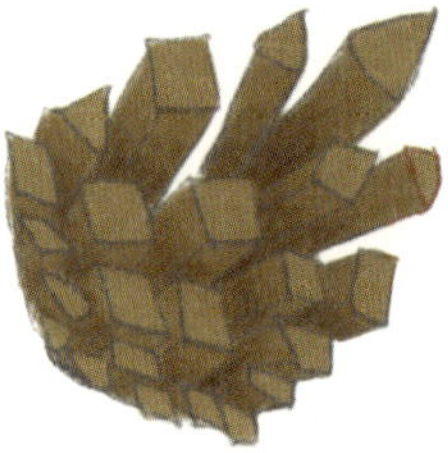

열매는 식물의 아기야.

엄마가 배 속의 자궁이라는 곳에서 아기를 품는 것처럼
식물도 씨방이라는 곳에서 씨앗을 품지.
씨방이 점점 커져서 열매가 되는 거야.

우리도 엄마 아빠가 낳고 길러 주는 소중한 열매야.
너도 알고 있지?
엄마 아빠는 우리를 보호하기 위해 노력한다는 걸.

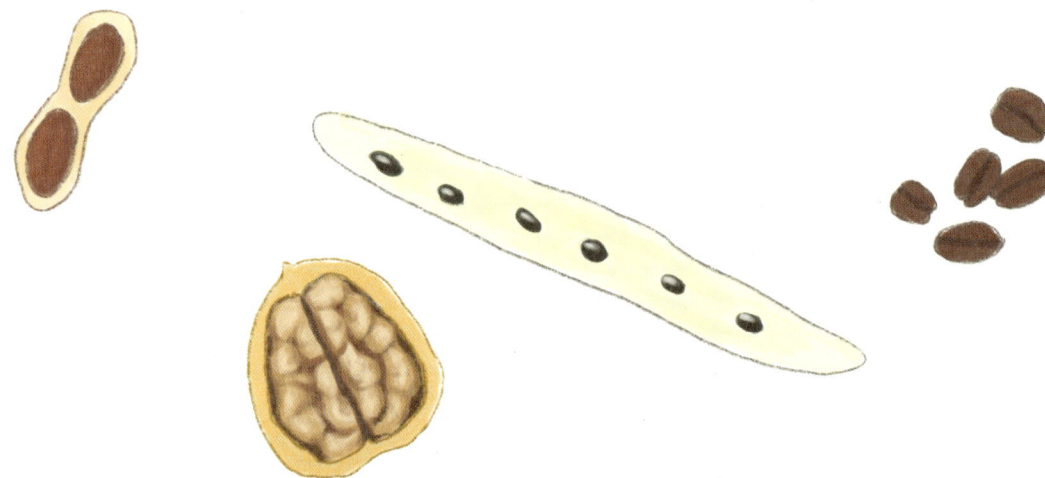

복숭아는 어린 씨앗을 보호하기 위해
물렁물렁한 살로 씨앗을 감싸고 있어.
호두처럼 아주 단단한 껍질로
열매를 보호하는 식물도 있지.

식물도 여행을 할까?

식물은 한자리에서 움직이지 못하지만
여행을 떠나기도 해.
자손을 퍼트리려면 씨앗을 멀리 보내야 하거든.

멀리 가고 싶은 씨앗은 사람이나 동물의 먹이가 되지.
씨앗을 먹은 새가 멀리 날아가 똥을 싸면
씨앗은 거기서 새로운 싹을 틔워.

씨앗이 사람이나 동물의 몸에 달라붙기도 한단다.
그러면 씨앗은 걷지 않고도 멀리까지 갈 수 있어.

바람을 이용하거나 물을 이용하는 씨앗도 있어.
민들레 씨앗은 바람을 타고 날아가다가 지치면
냇물 위에 내려앉아 물결을 타고 멀리까지 내려가지.

뿌리는 식물의 발이야.

사람의 발은 땅 위에 있지만
식물의 발인 뿌리는 땅속에 있지.

거센 비와 바람이 몰아쳐도 쓰러지지 않도록
식물은 땅속 깊이 뿌리를 내리고 있어.
땅 위에서는 뿌리가 잘 보이지 않지만

땅 밑에는 땅 위 나무만큼 큰 뿌리가 숨어 있지.

뿌리는 땅속에서 물과 양분을 끌어 올려서
식물의 가지 끝으로 보낸단다.
식물의 키가 점점 자라는 것은 뿌리에서
물과 영양분을 보내 주기 때문에 가능해.

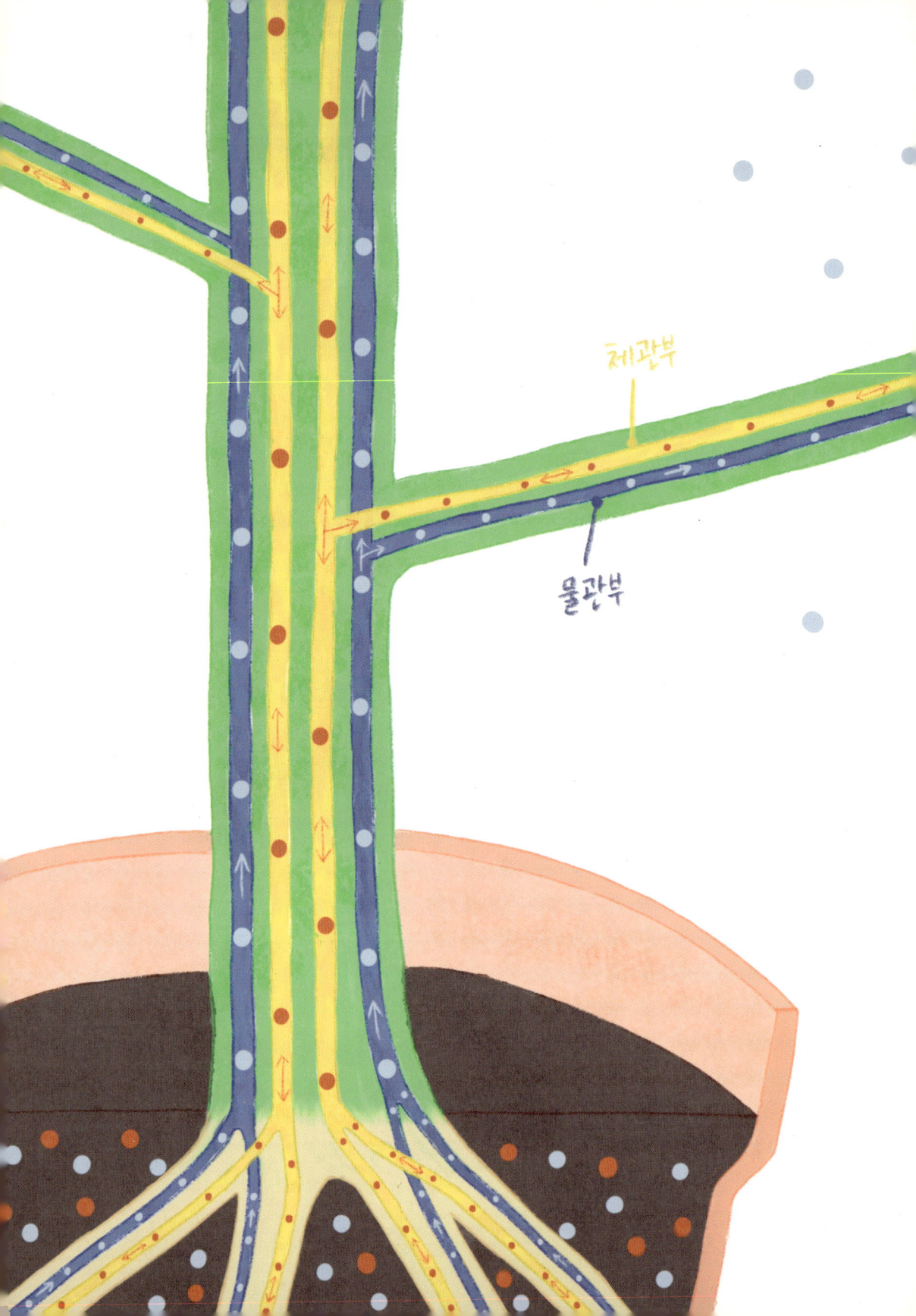

줄기는 식물의 몸통이야.

줄기는 뿌리에서 끌어 올린 물과 양분을
가지 끝으로 보내 줘.
줄기는 또 잎이 햇빛을 빨아들여 만든 양분을
식물 전체로 보내 주기도 해.

사람의 몸에 혈관이 있듯 식물의 줄기 속에도
물과 영양분이 다니는 길이 있어.
물이 다니는 길을 '물관부'라고 하고
양분이 다니는 길을 '체관부'라고 해.

얼굴, 몸통, 팔다리가 모여 우리 몸이 된 것처럼

꽃, 잎, 줄기, 뿌리, 열매가 모여 식물이 되었어.

식물이 없다면, 우리도 살 수 없단다.

2장

동네에서
만나는 식물

느티나무
마음씨 좋은 할머니 같은 나무

정자나무라고 들어 봤니?
마을을 지켜 달라고 마을 입구에 심어 놓은
큰 나무를 '정자나무'나 '동구나무'라고 불러.
정자나무 중 가장 흔한 것이 느티나무란다.

가지를 넓게 펼쳐서 사람들이 쉴 수 있는
커다란 그늘을 만들지.

느티나무는 우리 땅 어디서나 잘 자란단다.
자라는 속도도 빠르고, 속이 단단하고,
나이테도 아름다워서
옛날부터 가구나 집을 만드는 데 많이 사용했어.

라일락

달락 쓸락 라일락

'수수꽃다리'라는 예쁜 우리말 이름도 있단다.

5월에 옅은 자주색 꽃이 피는데
은은한 향기가 향수처럼 달콤하지.

라일락을 찾으면
하트 모양처럼 생긴 잎을 한 장 따서
한번 깨물어 봐도 좋아.

사실 잎에서는 아주 쓴맛이 난단다.
어쩌면 꽃향기가 더 달콤해질지도 몰라.

메타세쿼이아
군인 아저씨처럼 줄을 잘 맞추는 나무

중국이 원산지야.
지금은 세계 곳곳에서 가로수로 많이 심는단다.
북한에서는 물가에서 잘 자란다고
'수삼나무'라고 부른대.

다 자라면 키가 30미터에서 50미터나 되고,
위로 곧게 자라는 큰키나무야.

전남 담양의 메타세쿼이아 길,
전북 진안의 모래재 메타세쿼이아 길,
경북 영덕의 메타세쿼이아 숲처럼
유명한 곳도 많아.

메타세쿼이아와 비슷하게 생긴 나무로
전나무, 삼나무, 편백나무도 있단다.

배롱나무
멀리서도 잘 보이는 붉은 여름 꽃

뜨거운 여름에 짙은 분홍이나
하얀 꽃이 피는 나무야.
꽃이 백 일 동안 오래 핀다고
'백일홍'이라고 부르기도 하지.

나무줄기가 그 어떤 나무보다 매끄러우니
배롱나무를 만나면 한번 쓰다듬어 보렴.

부산 양정동에는 800년 동안
나란히 서서 함께 살아온
천연기념물 배롱나무가 있단다.

백목련

흰 머그컵처럼 큰 꽃

4월에 흰 꽃이 피면 멀리서도 알아볼 수 있지.
봄에 피는 꽃 중에 제일 크거든.
자주색 꽃이 피는 목련도 있는데 '자목련'이라고 해.

겨울이 되면 가지 끝에 겨울눈이 달리지.
겨울눈은 추위를 이겨 내기 위해
도톰한 껍질을 덮어쓰고 있어.
손가락 한 마디 정도 크기지.
겨울에는 '꽃눈'과 '잎눈'을 찾아보렴.

잎눈

꽃눈

"겨울눈이 뭐예요?"

"봄에 싹을 틔우려고 꽃이나 잎을
차곡차곡 넣어 둔 주머니란다."

벚나무

4월은 벚나무가 결혼하는 달

4월에 우리 땅 어디를 가나 볼 수 있는
정말 화려한 꽃이란다.

벚나무 열매를 버찌라고 해.
까맣게 익었을 때 먹으면
약간 달달한 맛이 나지.

겨울에 줄기를 잘 관찰하면
벚나무인지 알아맞힐 수 있어.
매끈한 나무껍질에 가로로 그어진
작은 선들이 있다면 벚나무야.

산수유

겨울 새가 좋아하는 빨간 열매

3월 아파트 정원에서 제일 먼저
노란 꽃을 피우는 부지런한 나무란다.
잎보다 꽃이 먼저 나오는 나무지.
나무줄기가 거친 편이야.

이천, 양평, 구례의 산수유 축제에서는
땅에 쏟아진 노란 은하수 같은 꽃 물결을 볼 수 있어.

꽃이 지면 파랗고 길쭉한 열매가 달리지.
이 열매는 가을이 되면 빨갛게 변한단다.
열매는 사림은 안 먹고 겨울새가 먹어.
대신 우리는 열매 속에 있는 씨앗을 한약재로 쓰지.

소나무

소나무의 손가락은 두 개

원래 산에 사는 나무인데,
도시 정원에도 많이 심어 놨어.
우리나라 어디서나 잘 자라는 멋진 나무지.

잎이 바늘처럼 생겨서 침엽수라고 한단다.
뾰족한 잎들이 그냥 모여 있는 것 같지만
자세히 보면 소나무 잎이 2개씩 붙어 있어.
같은 침엽수라도 나무 종류 별로 붙어 있는
잎의 개수가 다르니까 잘 살펴보렴.

경북 울진 금깅송군릭지에는
500살이 훨씬 넘은 할아버지 소나무도 있단다.

"같은 소나무라도 북아메리카가
원산지인 리기다소나무는 잎이 3개씩
붙어 있다는 것도 알아 두렴."

양버즘나무

방울방울이 조랑조랑 달리는 나무

이 나무는 나무껍질이 사람의 피부에 난
버즘처럼 갈라져서 양버즘나무라는 이름이 붙었지.
동글동글한 방울 같은 단단한 열매가 달려서
북한에서는 '방울나무'라고 부른대.
원래는 북아메리카에서 살던 나무로
전에는 '플라타너스'라고 불렀어.

더러운 공기를 깨끗하게 만드는 능력이 있어서
가로수로 많이 심는단다.

"버즘이 뭐예요?"

"버짐과 같은 말로, 피부병 때문에
피부색이 달라지거나
쭈글쭈글해지는 것이란다."

은행나무
지구에서 제일 끈질긴 나무

공룡이 살던 쥐라기에도 살았는데
지금까지 살아남았으니 정말 끈질긴 나무지?

꽃가루를 만드는 수나무와
열매를 맺는 암나무가 따로 있단다.
열매를 감싸고 있는 물렁물렁한 껍질에서
고약한 똥 냄새가 난단다.
가을에 길에서 똥 냄새나는 나무를 만났다면
틀림없이 은행나무일 거야.

노랗게 물드는 부채 모양의 잎사귀를 잘 보면
하트 모양의 위쪽처럼 가운데가 살짝 갈라져 있지.
예쁜 잎사귀를 주워 책갈피로 써도 좋아.

"열매에서 왜 냄새가 나요?"

"똥 냄새가 날 뿐만 아니라 독성이
있어서 피부가 가려울 수도 있단다.
냄새와 독성은 모두 동물들이 씨앗을
먹는 걸 막기 위한 것이란다."

이팝나무

하얀 쌀밥이 다닥다닥 붙어 있는 나무

하얀 쌀밥을 '이밥'이라고 부르는데
꽃이 이밥처럼 소복하게 모여 핀다고 해서
이팝나무라고 부른단다.

아파트 정원이나 길가 가로수로 많이 심어 놓아서
5월 중순에 하얀 꽃을 볼 수 있지.

경남 김해와 양산, 전북 고창, 전남 승주 등에
천연기념물로 지정된 큰 이팝나무가 있어.

이팝나무와 이름이 비슷한 나무로
조밥처럼 자잘한 꽃이 피는 '조팝나무'가 있단다.

주목
잎은 푸르고, 열매는 빨갛고

나무의 껍질과 속이 모두 붉어서 '붉은 나무'
주목(朱木)이라는 이름을 얻었단다.

우리나라 아주 높은 산에 사는 귀한 나무지.
소백산 꼭대기에 무리 지어 자라는 주목은
천연기념물 제244호로 지정됐어.

요즘은 이피트 정원수로도 많이 심는단다.
소나무처럼 사철 푸르지만
잎도 줄기도 소나무하고 다르니까
눈을 크게 뜨고 구별해 보렴.

가을이 지나면 앵두만 한 빨간 열매가 열린단다.

회양목

재잘재잘, 쫑알쫑알 떠들어도 좋아

아파트 정원을 나지막하게 둘러싸고 있는
나무가 보인다면, 혹시 회양목인지 보렴.
보통 줄을 잘 맞춰 가지런하게 심지.

새끼손톱만 한 자잘한 잎들은 도톰해.
매끈한 잎들이 촘촘하게 가지에 붙어 있어.

이른 봄에 아주 작은 노란 꽃이 여러 송이 모여 핀단다.
무릎을 낮추고 자세히 봐야 꽃을 찾을 수 있지.
짙은 꽃향기를 찾아 벌들이 멀리서부터 모여든단다.

3장

산과 들에서
만나는 식물

강아지풀

강아지 꼬리처럼 흔들리는 씨앗들

이삭이 강아지 꼬리처럼 생긴 풀이야.
이삭에는 자잘한 씨앗들이
다닥다닥 붙어 있는데
참새들이 아주 좋아하지.

어릴 때 강아지풀 이삭을
손바닥 위에 올려놓고
'요요요요' 히면서 놀았단다.

"'이삭'이 뭐예요?"

"벼나 보리 같은 식물에서
꽃이 피었던 꽃대 끝에 열매가 다닥다닥
열리는 부분을 '이삭'이라고 부른단다."

고사리
물기 많은 곳이 좋아

산골짜기 습기가 많은 곳에 자라는데
그 종류가 아주 많지.
잎은 손바닥을 활짝 펼친 것처럼 생겼어.

우리가 먹는 고사리나물은
4월에 딴 어린 고사리순을
삶아서 말린 거란다.

"고사리를 왜 삶아요?"

"생고사리에는 독성이 있어서 먹으려면
충분히 삶아야 한단다."

꽃다지

이름처럼 작고 예쁘다지

냉이하고 비슷한 시기에 꽃을 피운단다.
냉이 캐러 갈 때는 꼭 꽃다지를 찾아보렴.

꽃다지는 땅에 납작 엎드려 있어
아주 자세히 봐야 꽃을 찾을 수 있단다.

노란 꽃이 손톱만큼 작고
줄기와 잎은 보송보송한 털에 덮여 있어.
돋보기를 가지고 가서 보는 것도 좋을 거야.

자세히 보면 더 예쁜 꽃,
바로 꽃다지란다.

냉이

3월에는 냉이를 캐러 가자

냉이는 빈 밭이나 논두렁에서 잘 자란단다.

냉이를 캐 무쳐 먹거나 된장국을 끓이면
봄 향기를 맛볼 수 있어.

하얀 꽃대가 올라오기 전에
엄마한테 냉이 캐러 가자고 해 보자.

띠

할아버지 어릴 때 먹던 '삘기'

우리나라 길가나 풀밭에
끼리끼리 모여서 자라는 식물이야.
햇볕이 잘 드는 무덤가에서도
자주 만날 수 있어.

키가 작아 우리 무릎 아래 높이로 자라지.
기다란 이삭이 바람에 흔들리는 모양이 예쁘단다.

띠의 어린 이삭을 '삘기'라고 해.
옛날 어린이들은 채 마르지 않은 부드러운 이삭을
뽑아 달달한 맛을 보기도 했지.
우리도 띠의 달달한 맛을 볼 때가 있겠지?

민들레

둥둥 날아가는 민들레의 꿈

봄이 되면
들판에서도 도시의 길가에서도
꽃을 피운단다.

노란색 꽃을 피우는 민들레가 많지만
하얀색 꽃을 피우는 민들레도 있어.

토종 민들레는 꽃받침이 꽃의 밑동을 감싸고 있고
서양 민들레는 꽃받침이 뒤로 젖혀져 있지.

꽃대에 민들레 씨앗이 맺히면 후~ 하고 불어 보자.

씀바귀

맛이 써서 씀바귀

오래전부터 식용으로 먹던 야생 식물이야.
봄에 노란 꽃이 피지.

이름처럼 맛이 아주 써.
어린 순을 삶아서 무쳐 먹거나
뿌리로 김치를 담기도 한단다.

 "순이 뭐예요?"

"새로 돋아난 연한 새싹이란다."

아까시나무

조랑조랑 하얀 드레스 같은 꽃

5월에 향기가 아주 좋은 하얀 꽃이 피는 나무야.
꿀벌을 가장 잘 부르는 나무 중 하나란다.
꽃을 따서 먹어 볼 수도 있어.

아까시나무는 빨리 자라지.
그래서 우리 산을 푸르게 만들려고
북아메리카에서 들여와서 심기 시작했어.

뾰족한 가시를 조심해야 해.
예전에는 '아카시아'라고 부르기도 했단다.

양지꽃

양지에 모여 피는 꽃

햇볕을 아주 좋아하는 꽃이지.

추운 겨울이 지나면
햇볕이 잘 드는 언덕이나 무덤 주변의 양지에서
어렵지 않게 만날 수 있단다.

파란 잎과 노란 꽃이
서로 떨어지지 말자고, 사이좋게 지내자고
마치 손을 꼭 잡고 있는 것처럼 보이지.

꽃이 '뱀딸기' 꽃하고 비슷하게 생겼으니
잘 구별해 보렴.

엉겅퀴

꽃을 만질 때는 조심해

봄에는 키가 작아서
여린 잎을 삶아 나물로 먹기도 해.
엉겅퀴의 사촌쯤 되는 '고려엉겅퀴'를
곤드레나물이라고 하지.

하지만 여름이 되면 일곱 살 아이만큼 키가 자란단다.
꽃대 끝에 자주색 붉은 꽃이 달리지.

줄기에는 흰 털이 보송보송한데
손으로 만질 때는 끈적끈적하니까 조심해야 해.
잎사귀가 톱날처럼 길게 갈라져 있으니 잘 찾아보렴.

진달래

꽃잎을 따 먹어 봐도 좋아

4월에 잎이 나기 전에 분홍색 꽃이 먼저 피는 나무야.
나무껍질은 회색이고 매끈해.

우리나라 숲 어디에서나 잘 자란단다.
꽃이 피면 전국 곳곳에서 진달래 축제가 열려.

찹쌀가루 반죽 위에 꽃을 올려 전을 부쳐 먹기도 해.
꽃전을 부쳐 먹으며 노는 것을 '화전놀이'라고 부르지.

찔레

얘들아, 가시 조심해

우리나라 산과 들 곳곳에서 자라.
5월에 아주 향기로운 흰 꽃이 피지.

줄기에 촘촘하게 가시가 나 있어서
손으로 만질 때는 조심해야 한단다.

가을에 빨갛게 익는 열매는 동글동글해.
열매는 겨울이 지날 때까지 떨어지지 않아.
새들이 열매를 잘 찾아서 먹는단다.

참나무
다람쥐가 제일 좋아하는 나무

우리나라 숲에 가장 많이 자라는 나무가 뭘까?
바로 참나무야. 진짜 나무라는 뜻이지.

도토리 열매가 달리면 모두 참나무야.
그래서 다람쥐가 제일 좋아하는 나무지.
도토리는 매끄러운 껍질로 싸여 있는데
그 안에 든 열매로 묵을 만들어 먹어.

참나무는 단단하고 잘 썩지 않아서
옛날부터 목재로 널리 쓰거나
표고버섯을 키우는 나무로 사용했어.
벽난로의 땔감으로도 참나무가 최고지.

우리나라 숲에는 참나무 6형제가 살고 있어.
조금 어려운 일이지만, 한번 구별해 볼까?

상수리나무
우리나라 낮은 산기슭에 살고,
참나무 중에
도토리의 크기가 가장 크지.

굴참나무
무른 나무껍질이 세로로
길쭉하게 갈라져 있어
쉽게 찾을 수 있어.

갈참나무
잎사귀 뒷면이 하얗고,
도토리가 실하고 굵어.
이 열매로 도토리묵을 만들지.

졸참나무
참나무 중에 잎도,
도토리도 가장 작단다.
이 도토리는 길쭉하지.

떡갈나무

참나무 중에
잎사귀가 제일 두껍고 커.
잎사귀 뒷면이
보송보송한 털로 덮여 있단다.

신갈나무

두꺼운 잎은 신발 크기쯤 돼.
참나무 중에서
가장 높은 곳에
모여 사는 나무야.

"칡이 휘감은 나무는
괜찮은 건가요?"

"칡이 휘감으면 빗물을
잘 흡수할 수 없고, 잘 부러져서
나무에게 좋지 않지."

칡
무엇이든 칭칭 감는 나무

덩굴을 잘 뻗기 때문에 다른 나무를
휘감아 덮는 나무야.

칡 뿌리는 차를 만들어 먹기도 하고
한약재로도 쓴단다.
잎은 염소나 토끼가 아주 좋아한단다.

팽나무

마을 입구에 서 있는 할아버지 같은 나무

우리나라 남쪽과 제주도에 많이 산단다.
제주도에 가면 꼭 봐야 할 나무야.

나무껍질이 회색이고 매끈해.
500년 넘게 살기도 해.
둘레가 7미터가 넘는 우람한 나무도 있지.
콩알보다 작은 열매는 녹색이었다가 검붉은 색으로 변해.

4장

강과 바다에서
만나는 식물

갈대

강변에 모여 손 흔드는 식물

강변이나 호숫가에 가면 자주 만날 수 있어.
키가 크기 때문에 눈에 잘 띄지.
진흙 성분이 많은 습지에서 잘 자란단다.

땅속줄기를 옆으로 길게 뻗어
부지런히 자신의 영역을 넓히지.
그래서 누구보다 옆에 친구가 많은 식물이란다.

갈대와 억새를 구별할 수 있겠니?
갈대꽃은 갈색이지만
억새꽃은 흰색이야.
가을이 오면 갈대와 억새를 찾아가 볼래?

억새

갯메꽃

모래 위를 오종종 기어가는 꽃

바닷가 모래 위에 사는 덩굴식물이야.
나팔 모양의 분홍 꽃이
바닥에 깔린 것처럼 핀단다.

육지에 사는 '메꽃'의 잎은 길쭉하지만
갯메꽃의 잎은 도톰하고 동글동글하지.

"덩굴식물이 뭐예요?"

"줄기가 곧게 서지 않고 다른 물건을 감거나 거기에 붙어서 자라는 식물이야."

물봉선

여름 계곡에서 찾아봐야 할 꽃

개울가나 습지의 낮은 곳에 산단다.
물을 좋아해서 물봉선이라는 이름이 붙었어.
꽃밭에서 사는 봉숭아랑 이름이 비슷하지?

여름에 자주색 꽃이 피지.
꽃잎은 혓바닥을 내민 것 같아.

꽃잎 아래쪽을 자세히 보렴.
돼지 꼬리처럼 도르르 말린 모양이야.

"습지가 어디예요?"

"습기가 많아서 축축한 땅이야."

버드나무

긴 머리칼 휘날리는 나무

버드나무는 물을 좋아해.
개울이나 시냇가에서 잘 자라는 나무야.

수양버들이나 능수버들은 잎이 길쭉길쭉하고
왕버들은 잎이 동그랗단다.
경북 성주 성밖숲 왕버들은 장수처럼
멋진 모양으로 자리지.

따스한 4월에 공중에
눈송이 같은 게 날아다닌다면
그건 솜털에 싸인 버드나무 씨앗일 거야.

순비기나무

해변의 수호자

바닷가 모래 위나 바위틈에 뿌리내리고 사는 나무야.
연한 보랏빛 꽃이 핀단다.

동글동글한 씨앗에는
라벤더와 로즈마리를 섞은 것 같은 향이 나지.

제주도 해녀들이 바닷속에 들어갔다 나오면
'휘익' 하고 숨을 쉬어.
이 소리를 제주도에서는 '숨비기소리'라고 불렀어.

"해녀가 뭐예요?"

"바닷속에 잠수해서
전복, 미역 같은 먹을거리를 따는
직업을 가리키는 말이야."

연꽃

불교에서 아주 귀하게 여기는 꽃

우리가 만나는 식물 중에
꽃이 제일 커.

옅은 분홍색이나 하얀색 꽃이 핀단다.
마치 방석처럼 잎이 엄청나게 넓어.
잎에 빗방울이 닿으면 또르르 구르지.

진흙 속에서 크고 아름다운 꽃을 피워 내기 때문에
불교에서는 부처님의 상징으로 여긴단다.

해국

바닷가에 사는 국화

따뜻한 바닷가 바위틈이나 모래 위에 살아.
가을에 연한 보라색 꽃을 피우지.
부드러운 털로 덮인 도톰한 잎과 굵은 줄기로
바닷가 거친 바람을 견디지.
잎사귀는 땅에 주저앉은 모양이란다.

해당화

바닷가의 향기로운 보석

5월이면 우리나라, 일본, 중국 해변에
붉은 해당화 꽃이 핀단다.

꽃잎이 크고 향기로워서
바닷가에 가면 금방 찾을 수 있어.
간혹 육지의 정원에서도 만날 수 있지.

줄기에 자잘한 가시가 촘촘해서
손으로 만지면 위험해.
여름이면 꽃이 피었던 자리에는
구슬처럼 단단하고 둥근 열매가 맺히지.

마치며

우리나라에는 4,300여 종류의 식물이 살고 있어.
사람보다 먼저 지구에 살기 시작한
이 모든 식물을 우리가 다 알기는 어렵지.

하지만 우리는 식물에게 관심을 가져야 해.
식물은 자신에게 주어진 환경에 잘 적응해.
정말 부지런하게 물과 양분을 빨아들이면서
우리를 숨 쉬게 하고
우리에게 먹을 것을 주고
우리가 사는 집의 기둥이 되고 울타리가 돼 주거든.
식물이 없는 땅, 식물이 자라지 못하는 땅에는
사람도 살 수가 없어.
사람에게 큰 도움을 주는 식물을
우리도 도울 수 있으면 좋겠어.

요즘은 '반려동물' 대신에
'반려식물'이라는 말도 생겼어.
식물을 가까이에 두고 가꾸고 기르면서
식물과 대화하는 사람들이 늘어났기 때문이지.
할아버지가 아파트 베란다에 식물 화분을 키우는 것도
모두 식물에 대한 사랑 때문이란다.

우리가 식물 이름을 하나 알면
옆에 있는 친한 친구들에게도 알려 줄 수 있겠지?

식물 이름을 하나 더 알게 되면
식물에 대한 사랑이 그만큼 늘어났다는 뜻이야.

식물과의 사랑,
이제부터 시작이야.

식물 가까이 한 발자국 더 다가갈 시간이야.

부록

식물 채집하기

♣ **준비물** : 카메라, 종이, 연필, 주머니

♣ **방법**
  ❶ 밖으로 나가서 식물을 찾아보기
  ❷ 식물을 핸드폰이나 카메라로 사진 찍거나 종이에 그리기
  ❸ 땅에 떨어진 꽃이나 잎, 열매 등을 찾았다면,
     주머니에 넣어서 가져오기
  ❹ 내가 찾은 식물의 이름을 책이나 인터넷에서 찾아보기

♣ **주의할 점**
  • 풀숲으로 함부로 뛰어들면 위험하다.
  • 뱀이나 벌레, 진드기를 조심하자.
  • 가능하면 어른과 함께 나가자.
  • 주인이 있는 꽃밭에 함부로 들어가지 말자.

식물 관찰하기

♣ **준비물** : 내가 찾은 식물, 흰 종이, 색연필이나 사인펜

♣ **방법**

❶ 내가 관찰할 식물을 흰 종이 위에 올리기

❷ 색연필이나 사인펜으로 식물의 테두리를 따라 그리기

❸ 식물의 모양을 관찰해서 테두리 안에 색과 모양을 채우기

❹ 식물을 앞뒤로 돌려 가며 손으로 만져 보기

❺ 식물의 냄새를 맡으며 비슷한 냄새를 떠올려 보기

❻ 꽃에서 암술, 수술, 꽃잎을 분리해 보기

❼ 잎을 잎맥 모양대로 찢어 보기

부록

식물 악기 만들기

♣ 준비물 : 페트병, 씨앗, 나뭇잎, 꽃, 돌멩이, 구슬 등

♣ 방법
  ❶ 페트병을 깨끗이 씻어서 말리기 (병뚜껑이 꼭 필요함.)
  ❷ 병에 넣을 씨앗, 꽃, 잎 등 식물 모으기
  ❸ 병에 넣을 수 있는 돌멩이, 구슬, 작은 장난감 준비하기
  ❹ 페트병에 한 가지 재료를 넣고 뚜껑을 닫고 흔들어 보기
  ❺ 재료를 하나씩 추가하며 흔들어서 소리 들어 보기
  ❻ 마음에 드는 소리가 날 때 병뚜껑 닫기

"식물 악기를 흔들면서 노래를 불러 봐~!"

놀까, 식물이랑

식물 이름 빙고

♣ **준비물** : 도화지, 연필, 식물의 씨앗이나 꽃이나 나뭇잎

♣ **방법**

❶ 두 사람이 종이에 각자 빙고판 그리기

❷ 상대방이 보이지 않게 빙고판 네모 안에 씨앗이나 꽃이나 나뭇잎 하나씩 올리기

(실제 식물 대신 식물 이름을 적어서도 할 수 있음.)

❸ 네모 안에 올려놓은 식물의 이름을 말하고, 그 식물에 동그라미 표시하기

❹ 빙고 3줄을 먼저 완성하는 사람이 승리!

부록

식물 인형 만들기

♣ **준비물** : 식물, 가위, 종이, 종이테이프

♣ **방법**
  ① 식물의 일부나 전체를 채집하기
  ② 식물을 조심조심 깨끗이 씻기
  ③ 종이에 식물을 잘 펼치기
  ④ 식물 위에 종이를 덮고, 무거운 책으로 눌러 두기
  ⑤ 3~5일 정도 지난 후 잘 말랐는지 확인하기
  ⑥ 식물을 흰 종이 위에 올리고 관찰하기
  ⑦ 식물들로 나만의 인형 모양 만들기
  ⑧ 종이테이프로 인형 모양을 고정해서 완성하기

놀까, 식물이랑

부록

강낭콩 키우기

♣ **준비물** : 작은 화분, 배양토, 강낭콩

♣ **방법**
  ❶ 4월에 부모님과 함께 화분에 강낭콩 심기
  ❷ 해가 잘 드는 곳에 화분 두기
  ❸ 흙이 마르지 않게 매일 물 주기
  ❹ 2주 정도 지나면 올라오는 싹 관찰하기
  ❺ 넝쿨손이 생기면 타고 올라갈 지지대를 세우고 줄로 묶어 주기
  ❻ 자세히 관찰하면서 매일 물 주기
  ❼ 2달 후에 강낭콩 수확하기

놀까, 식물이랑

* 부록 *

♣ 식물 관찰 일기 ♣

• 식물 이름 :

• 관찰 날짜 :   년   월   일   요일

• 관찰 내용 :

• 느낀점 :

놀까, 식물이랑

♣ 식물 관찰 일기 ♣

- 식물 이름 :
- 관찰 날짜 :   년   월   일   요일
- 관찰 내용 :

- 느낀점 :

* 부록 *

♣ 식물 관찰 일기 ♣

• 식물 이름 :

• 관찰 날짜 :　　　　년　　　월　　　일　　　요일

• 관찰 내용 :

• 느낀점 :

놀까, 식물이랑

♣ 식물 관찰 일기 ♣

· 식물 이름 :

· 관찰 날짜 :   년   월   일   요일

· 관찰 내용 :

· 느낀점 :

맨처음 식물공부

초판 1쇄 발행 2024년 3월 20일
초판 4쇄 발행 2025년 6월 25일

글 안도현 그림 정창윤

펴낸이 김선식
펴낸곳 다산북스

부사장 김은영
어린이사업부총괄이사 이유남
책임편집 이현정 디자인 이수연 책임마케터 안호성
어린이콘텐츠사업5팀장 이현정 어린이콘텐츠사업5팀 조문경 마정훈 조현진 강민영
어린이마케팅본부장 최민용 어린이마케팅1팀 안호성 이예주 김희연 기획마케팅팀 류승은 박상준
미디어홍보본부장 정명찬
편집관리팀 조세현 김호주 백설희 저작권팀 성민경 이슬 윤제희
재무관리팀 하미선 임혜정 이슬기 김주영 오지수
인사총무팀 강미숙 이정환 김혜진 황종원
제작관리팀 이소현 김소영 김진경 이지우 황인우
물류관리팀 김형기 김선진 주정훈 양문현 채원석 박재연 이준희 이민운

펴낸곳 다산북스 출판등록 2005년 12월 23일 제313-2005-00277호
주소 경기도 파주시 회동길 490 전화 02-704-1724 팩스 02-703-2219
다산어린이 공식 카페 cafe.naver.com/dasankids 다산어린이 공식 블로그 blog.naver.com/stdasan
종이 스마일몬스터 인쇄 한영문화사 후가공 평창피엔지 제본 국일문화사

ⓒ안도현·정창윤, 2024
ISBN 979-11-306-5131-6 (73480)

- 본문은 재생 종이에 인쇄하였습니다.
- 책값은 뒤표지에 있습니다.
- 파본은 본사 또는 구입한 서점에서 교환해 드립니다.
- KC마크는 이 제품이 공통안전기준에 적합하였음을 의미합니다.
- 아이들이 책을 입에 대거나 모서리에 다치지 않게 주의하세요.

책을 더 재미있게, 책을 더 오래 기억하는 방법
다산어린이 공식 카페에는 다양한 독서 활동 자료가 있습니다.
자료를 활용하여 아이들의 독서 흥미를 더욱 키워 주세요.